Alexander Schaaf

Werbung im Android OS

GRIN Verlag

Bibliografische Information der Deutschen Nationalbibliothek:

Die Deutsche Bibliothek verzeichnet diese Publikation in der Deutschen National-
bibliografie; detaillierte bibliografische Daten sind im Internet über http://dnb.d-
nb.de/ abrufbar.

Impressum:

Copyright © 2011 GRIN Verlag GmbH
Druck und Bindung: Books on Demand GmbH, Norderstedt Germany
ISBN: 978-3-656-26520-7

Dieses Buch bei GRIN:

http://www.grin.com/de/e-book/200301/werbung-im-android-os

FOM Hochschule für Ökonomie & Management
Frankfurt am Main

Berufsbegleitender Studiengang zum

Bachelor of Science - Wirtschaftsinformatik

5. Semester, Wintersemester 2010/2011

Seminararbeit (E-Business & Mobile Computing)

Werbung im Android OS

Autor: Alexander Schaaf

02. Dezember 2010

Inhaltsverzeichnis

Abkürzungsverzeichnis

App	Application
BMELV	Bundesministerium für Ernährung, Landwirtschaft und Verbraucherschutz
CEO	Chief Executive Officer
GPS	Global Positioning System
HTML	HyperText Markup Language
ID	Identifikation
IP	Internet Protocol
MSISDN	Mobile Subscriber Integrated Services Digital Network Number
OHA	Open Handset Alliance
OS	Operating System
PC	Personal Computer
PDA	Personal Digital Assistant
RIM	Research In Motion
SDK	Software Development Kit
SIM	Subscriber Identity Module
USA	United States of America
WAP	Wireless Application Protocol

Abbildungsverzeichnis

1 Einleitung

In dieser Seminararbeit wird das Thema Werbung im mobilen Betriebssystem Android beschrieben. Dazu gibt der Autor einen allgemeinen Überblick zu Android, der Firma Google sowie dem Konsortium Open Handset Alliance, welches hinter dem Betriebssystem Android steht. Aufgrund der Aktualität des Themas, das Betriebssystem Android wurde vor 2 Jahren auf den Markt gebracht, basieren die meisten Aussagen in dieser Seminararbeit auf Quellen aus dem Internet. Der Autor hat, soweit wie möglich, die Thesen in den Quellen bis zum Ursprung recherchiert.

Der Aufbau der Seminararbeit ergibt sich wie folgt. Als erstes werden einige Begriffe definiert. Danach folgen Grundlagen, die für den allgemeinen Hintergrund zu Android wichtig sind. Es wird in wenigen Worten das Geschäftsmodell von Google erläutert und wer das Konsortium hinter Android ist. Die Historie von Android wird kurz dargestellt und es wird beschrieben, wie Werbung auf mobilen Geräten mit Android funktioniert. Im Praktischen Teil wird aufgezeigt, wie Anzeigen in eine App eingebunden werden. Ebenso wird erklärt, wie die Werbung in Apps umgangen werden kann. Danach wird aufgezeigt, dass über die Werbeanzeigen in Apps auch Betrug stattfinden kann. Als letztes erfolgt ein Resümee über diese Seminararbeit.

In dieser Seminararbeit werden die Mitbewerber von Android bzw. Google und der Open Handset Alliance nicht beleuchtet. Zum Zweck der Verdeutlichung werden die Mitbewerber zum Teil aber erwähnt. Die Feinheiten des Marketings werden ebenfalls nicht dargestellt. Des Weiteren beschränkt sich der Autor auf den Werbungs-Anbieter AdMob, der zum Konzern Google gehört. Das Vorgehen und Einbinden von Werbung in eine App wird beispielhaft an AdMob beschrieben.

2 Definitionen

2.1 Android

Android ist ein Betriebssystem, engl. Operating System (OS), für mobile Endgeräte, hauptsächlich Smartphones. Es basiert auf dem offenen Linux Kernel. Der Kernel ist das zentrale Element eines jeden Betriebssystems. Er vereinigt alle zentralen Funktionen des Systems in sich und ist die Basis für alle höheren Abstraktionsebenen.[1]

Im Gegensatz zum iOS der Firma Apple, welches das OS für das iPhone darstellt, ist Android Open Source. Dies bedeutet, dass der Quellcode des Android OS der Allgemeinheit frei zur Verfügung steht. Hersteller von Mobilfunkgeräten bzw. deren Entwickler können somit das Android OS modifizieren und an ihre jeweiligen Geräte anpassen.[2]

2.2 App

Als App (Application) werden im Allgemeinen Anwendungsprogramme bezeichnet. Im Speziellen wird der Begriff App aber meist für Anwendungsprogramme auf Smartphones verwendet. Diese Anwendungen dienen i. d. R. einem bestimmten Zweck, so dass sie einen geringeren Funktionsumfang besitzen, als klassische Anwendungsprogramme.[3]

2.3 Smartphone

Smartphones sind Multifunktionsgeräte. Sie bilden eine Synthese aus einem mobilen Telefon und einem persönlichen digitalen Assistenten, engl. Personal Digital Assistant (PDA). Smartphones verwalten nicht nur den Kalender, Adressen oder Aufgaben, sie bieten auch Möglichkeiten einer Textverarbeitung und Tabellenkalkulation. Die Funktionen lassen sich mit zusätzlichen Programmen erweitern, sogenannten Apps. Diese Funktionen unterscheiden sie von Mobilfunktelefonen, die diese Eigenschaften nicht besitzen. Ein weiterer

---

[1] Vgl. Tech Terms Computer Dictionary (o. J.): Android, o. S.; Ulmann (2009), S. 233
[2] Vgl. Tech Terms Computer Dictionary (o. J.): Android, o. S.
[3] Vgl. Gründerszene (o. J.): App, o. S.

Unterschied ist, dass im Gegensatz zu einem Mobilfunktelefon ein Smartphone über ein eigenes OS verfügt.[4]

2.4 Werbung

Im betriebswirtschaftlichen Sinne ist Werbung eine von mehreren Funktionen der Kommunikationspolitik im Marketing-Mix. Der Marketing-Mix besteht aus 4 Säulen, dem Produkt, dem Preis, dem Ort und der Kommunikation. Werbung, auch Online-Werbung, ist das auffälligste und bedeutendste Instrument im Marketing-Mix, bei dem alle 4 Säulen berücksichtigt werden müssen. Sie dient der gezielten Beeinflussung des Menschen. Die Hauptaufgabe ist der Transport von Werbebotschaften an die Zielgruppen mit Hilfe von geeigneten Werbemitteln. Der Zweck ist es, ein bestimmtes Ergebnis bei dem Klientel zu erreichen, i. d. R. der Kauf eines bestimmten Produktes. In der Wirtschaftskommunikation ist mit Werbung die Adressierung von Absatzmärkten gemeint.[5]

Werbung, die dazu dient einen guten Ruf in der Öffentlichkeit zu erreichen, wird als Public Relations (Imagepflege) bezeichnet. Dort dient sie ebenfalls der Absatzförderung bzw. auch der Absatzsicherung.[6]

---

[4] Vgl. ITWissen (o. J.): Smartphones, o. S.; Smartphone Welt (o. J.): Was ist ein Smartphone, o. S.
[5] Vgl. Gabler Wirtschaftslexikon (o. J.): Werbung, o. S.; Wikipedia (o. J.): Werbung, o. S.; Rupp (2010), S. 19
[6] Vgl. Werbung (o. J.): Werbung, o. S.

3 Grundlagen

3.1 Google

Google wurde 1998 von Larry Page und Sergey Brin gegründet. Der Name Google ist von dem mathematischen Fachbegriff „googol" abgeleitet, der die Zahl 1 gefolgt von 100 Nullen beschreibt. Das Unternehmensziel „… von Google besteht darin, die auf der Welt vorhandenen Informationen zu organisieren und allgemein zugänglich und nutzbar zu machen."[7]

Google hatte im Jahr 2008 einen Umsatz von 21,8 Milliarden Dollar. 97 Prozent davon kamen aus dem Geschäft mit Anzeigenwerbung. Diese Anzeigen hatte Google praktisch neu erfunden. Neben den Suchergebnissen werden kleine Textanzeigen angezeigt, die zum Suchbegriff passen. Diese Innovation erwies sich auch für die Nutzer von Vorteil. Die standardmäßige Werbung im Internet war bis dahin eher blinkende Banner, sowie extra Werbefenster.[8]

3.1.1 Finanzierung

Google bietet seine Dienstleistungen kostenlos allen Nutzern im Internet an. Die Finanzierung erfolgt über Einblendung von Werbung. Bei der Suchmaschine passt die Werbung zum jeweiligen Suchbegriff. Diese Anzeigen kann jedes Unternehmen mit Hilfe des Produktes AdWords von Google selbst schalten. Für die werbenden Unternehmen hat dieses Vorgehen den Vorteil, dass die Anzeigen erst beim passenden Suchbegriff eingeblendet werden. Dies geschieht sogar kostenlos. Gebühren an Google werden erst fällig, sobald der Nutzer auf die Werbung klickt und auf die Webseite, auf die die Werbung verlinkt, weitergeleitet wird. Die Preise reichen von ein paar Cent bis hin zu einigen Dollar per Klick bei gefragten Suchbegriffen.[9]

Ein weiteres Produkt mit dem Google sich finanziert ist AdSense. Hierbei kann jeder Webseiten-Betreiber themenrelevante Anzeigen von Google auf seiner Webseite einbinden. Er erhält einen Teil der dadurch generierten Werbeeinnahmen. Für die Unternehmen, die mit AdWords Anzeigen schalten

---

[7] Vgl. Google (2010), Unternehmensprofil, o. S.; Rupp (2010), S. 14
[8] Vgl. Bredow, R., Dworschak, M., Müller, M. U., Rosenbach, M. (2010), S. 61
[9] Vgl. Rupp (2010), S. 17, S. 20

bedeutet dies, dass ihre Anzeigen nicht nur auf der Webseite von Google angezeigt werden, sondern auch auf weiteren Webseiten.[10]

3.1.2 Motivation

Google will neue Geschäftsfelder erschließen. Da immer mehr Menschen auch mobil auf das Internet zugreifen, will sich Google auch abseits vom Personal Computer (PC) unentbehrlich machen. Zum einen weis Google somit immer, wo der Nutzer sich aufhält. Zum anderen kann er ihm passende lokale Werbung direkt aufs mobile Endgerät schicken.[11]

Mittlerweile verdient Google ca. 1 Milliarde US-Dollar pro Jahr mit der Werbung auf Smartphones. Dabei spielen speziell die Geräte mit Android eine große Rolle. Auf diesen Geräten wird die Google-Suche 30 mal so oft genutzt als auf mobilen Endgeräten mit anderen Betriebssystemen. Der Chief Executive Officer (CEO) von Google, Eric Schmidt, erwartet in Zukunft, dass das mobile Geschäftsfeld mehr Gewinn bringt, als die heute führende Nutzung des Internet vom PC aus.[12]

3.2 Open Handset Alliance

Die Open Handset Alliance (OHA) wurde am 05. November 2007 gegründet und ist ein Konsortium von mittlerweile 78 Firmen aus verschiedenen Wirtschaftssektoren. Es sind nicht nur Netzbetreiber, Gerätehersteller und Software-Firmen Mitglied, sondern auch Marketing-Unternehmen und Unternehmen aus der Halbleiterindustrie. Das Ziel der OHA ist die Schaffung von offenen Standards für mobile Endgeräte.[13]

3.3 Android OS

3.3.1 Historie

Im Juli 2005 kaufte Google das kleine Start-up-Unternehmen Android, welches 22 Monate zuvor in Palo Alto, Kalifornien, USA gegründet wurde. Von dem

---

[10] Vgl. Bredow, R., Dworschak, M., Müller, M. U., Rosenbach, M. (2010), S. 61; Rupp (2010), S. 17
[11] Vgl. Bredow, R., Dworschak, M., Müller, M. U., Rosenbach, M. (2010), S. 59
[12] Vgl. Bredow, R., Dworschak, M., Müller, M. U., Rosenbach, M. (2010), S. 63; Röttgers, J. (2010), o. S.
[13] Vgl. Briegleb, V. (2007), o. S.; O. V. (o. J.): FAQ, in Open Handset Alliance, o. S.

Unternehmen war bis dahin nur bekannt, dass es Software für Mobiltelefone machte.[14]

Als am 05. November 2007 Google mit 33 weiteren Firmen die OHA gründete, gaben sie gleichzeitig ihr erstes Produkt bekannt; Android, ein Betriebssystem für mobile Endgeräte.[15]

Offiziell verfügbar als Open Source ist Android seit dem 21. Oktober 2008. Die Abbildung 1 zeigt alle Releases inkl. des Veröffentlichungsdatums. Das erste Gerät für den Endkunden, das HTC Dream, auch als T-Mobile G1 vermarktet, kam am 22. Oktober 2008, in den USA auf den Markt.[16]

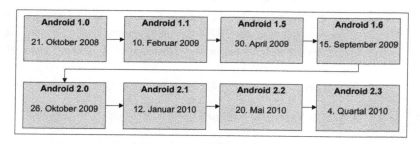

Abbildung 1: Android Releases[17]

3.3.2 Aktuell

Google veröffentlicht in regelmäßigen Abständen die aktuelle Verteilung der Android-Versionen. Hierfür wird innerhalb eines Zeitraumes von 14 Tagen die Android-Version der Endgeräte ausgelesen, die auf den Google Market zugreifen, um dort Apps runterzuladen. In der Messung, die am 01. Dezember 2010 endete und somit die letzten beiden Novemberwochen umfasste, haben die beiden älteren Versionen 1.5 und 1.6 aus 2009 je einen Anteil von 6,3% und 10,6%. Die Aktuelle Version 2.2 hat einen Anteil von 43,4%. Die Vorgängerversion 2.1 hat einen Anteil von 39,6%. Die restlichen 0,1% werden nicht separat gelistet. Abbildung 2 zeigt die Verteilung nochmals grafisch.[18]

---

[14] Vgl. Elgin, B. (2005), o. S.; O. V. (o. J.) Android (operating system), in Wikipedia, o. S.
[15] Vgl. Open Handset Alliance (o. J.): Industry Leaders Announce Open Platform for Mobile Devices, o. S.
[16] Vgl. Wikipedia (o. J.): Android (Betriebssystem), o. S.
[17] Eigene Darstellung in Anlehnung an: Wikipedia (o. J.): Android (Betriebssystem), o. S.
[18] Vgl. Android Developers (2010), o. S.

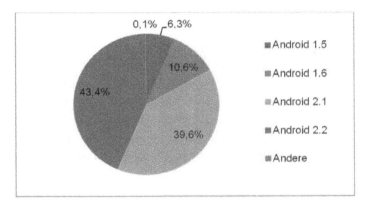

Abbildung 2: Verteilung der Android-Versionen[19]

Im 3. Quartal 2010 hatte Android, laut dem Marktforschungsinstitut Gartner, einen Marktanteil an verkauften Neugeräten von 25,5%. Android ist somit auf Platz 2 hinter dem Betriebssystem Symbian mit 36,6% Marktanteil. Dahinter folgen Apple mit iOS auf Platz 3 und 16,7% Marktanteil sowie Research in Motion (RIM) mit 14,8%. Den restlichen Markt teilen sich Windows Mobile, Linux und weitere kleinere OS. Abbildung 3 zeigt die genaue Marktverteilung.[20]

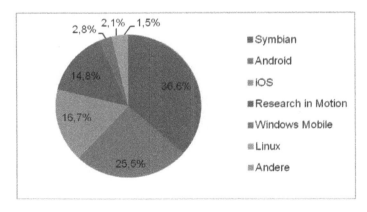

Abbildung 3: Marktverteilung der Betriebssysteme[21]

---

[19] Eigene Darstellung in Anlehnung an: Android Developers (2010), o. S.
[20] Vgl. Gartner (2010), o. S.
[21] Eigene Darstellung in Anlehnung an: Vgl. Gartner (2010), o. S.

3.4 AdMob

Das Unternehmen AdMob wurde 2006 von Omar Hamoui in San Mateo, Kalifornien, USA gegründet. Am 09.11.2009 kaufte Google das Unternehmen für 750 Millionen Dollar in eigenen Aktien. AdMob ist eines der weltweit größten Werbenetzwerke für mobile Endgeräte. Das Unternehmen bietet Lösungen für Erkennung, Branding und Einkommenserzielung im mobilen Internet an. Das Geschäftsmodell von AdMob ist es, gezielte und personalisierte Anzeigen im mobilen Internet über das firmeneigene Werbenetzwerk zu schalten. Das Werbenetzwerk von AdMob erstreckt sich in über 160 Ländern der Welt.[22]

---

[22] Vgl. AdMob (o. J.), o. S.; Ziegler, P. (2009), o. S.

4 Praxis

4.1 Einbinden der Werbung in Apps

Um Werbungsanzeigen in eine App einbinden zu können, muss ein Kundenkonto auf http://de.admob.com vorhanden sein. Dort muss unter dem Menüpunkt „Websites und Anwendungen" eine neue Android-Anwendung hinzugefügt werden. Als Informationen müssen der Name der Anwendung, die Kategorie sowie eine Beschreibung eingetragen werden (siehe Abbildung 4).[23]

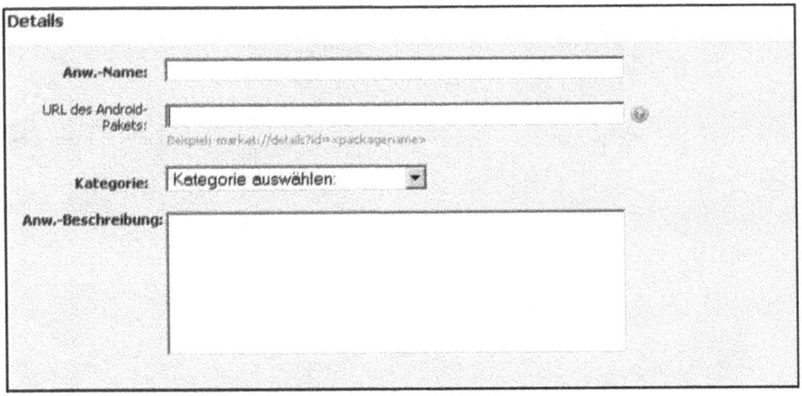

Abbildung 4: Screenshot App-Details[24]

Danach kann das AdMob Android SDK (Software Development Kit) heruntergeladen werden. Das Einbinden der Werbungsanzeigen erfolgt in 6 Schritten.

1. Auf dem PC, im Projekt Hauptverzeichnis des Apps, muss die SDK-Datei „admob-sdk-android.jar" in den Unterordner „libs" kopiert werden. Erfolgt die Entwicklung mit Hilfe der integrierten Entwicklungsumgebung Eclipse, muss anders vorgegangen werden.

    In den Eigenschaften des Projektes muss der Menüpunkt „Java Build Path" ausgewählt werden. Danach den Reiter „Libraries" auswählen und auf „Add JARs" klicken. In dem neuen Fenster in den Ordner „libs" navigieren und

---

[23] Vgl. Admob For Developers (o. J.), o. S.
[24] Quelle: Screenshot von AdMob Websites und Anwendung (o. J.), o. S.

dort die SDK-Datei „admob-sdk-android.jar" selektieren und auf „OK" klicken.

2. Die Publisher ID (Identifikation) muss in die Datei „AndroidManifest.xml" kurz vor dem Ende-Tag <\application> eingetragen werden.

```
<meta-data android:value="a149afxxxx" android:name="ADMOB_PUBLISHER_ID" />
```

3. Ebenfalls muss der Internetzugriff in die Datei „AndroidManifest.xml" eingetragen werden. Direkt vor dem Ende-Tag <\manifest>.

```
<uses-permission android:name="android.permission.INTERNET" />
```

Optional kann dort auch der Zugriff für das GPS (Global Positioning System) eingetragen werden. Dann können auch Werbeanzeigen geschaltet werden, die nur lokal gelten.

4. Der folgende Code muss in die Datei „attrs.xml" eingetragen werden.

```
<declare-styleable name="com.admob.android.ads.AdView">
        <attr name="backgroundColor" format="color" />
        <attr name="primaryTextColor" format="color" />
        <attr name="secondaryTextColor" format="color" />
        <attr name="keywords" format="string" />
        <attr name="refreshInterval" format="integer" />
</declare-styleable>
```

5. Im Layout Element muss dann eine Web-Referenz auf die „attrs.xml" Datei eingetragen werden, der den Packet-Namen der App beinhaltet. Dieser Packet-Name muss zuvor in der Datei „AndroidManifest.xml" festgelegt werden.

```
xmlns:myapp="http://schemas.android.com/apk/res/PACKAGE_NAME"
```

6. Im letzten Schritt sollte noch getestet werden, ob die Anzeigen funktionieren.

Es gibt auch die Möglichkeit AdMob Anzeigen über JavaScript einzubinden. Dazu muss ein von AdMob bereitgestellter JavaScript-Code direkt dort in die Quellcode der App eingebunden werden, wo die Anzeige erscheinen soll.[25]

---

[25] Vgl. Admob For Developers (o. J.), o. S.

4.2 Umgehen der Werbung in Apps

Im Forum des Portals xda-developers findet sich eine App, die die Werbung in allen Apps auf einem Android-Smartphone blocken kann. Das Portal xda-developers wurde für Software-Entwickler, die für Windows Mobile und Android entwickeln, gegründet. Dort wird ein großes Forum betrieben, in dem Benutzer Tipps und Tricks rund um die beiden mobilen Betriebssysteme geben und finden.

Der User „delta_foxtrot2" hat im April 2009 herausgefunden, dass die Werbung in Apps über einen Server im Internet bereitgestellt wird. Dazu schickt die App eine Anfrage an den Server, der dann die Anzeige zurückliefert, die dann das App darstellt. Es wurde nun die Datei host.txt im Android-System verändert. Diese einfache Text-Datei enthält Einträge für die feste Zuordnung von Hostnamen, welches eine eindeutige Bezeichnung eines Computers in einem Netzwerk ist, zu einer IP-Adresse (Internet Protocol), die das maschinenlesbare Pendant zum Hostnamen ist.[26]

Muss nun ein Hostname in eine IP-Adresse aufgelöst werden, so versucht das OS, die Namensauflösung erst lokal anhand der in der Hosts-Datei gespeicherten Zuordnungen durchzuführen, bevor andere Methoden angewandt werden. Hier kommt nun das App Adfree von „delta_foxtrot2" ins Spiel. Dieses App trägt in die Hosts-Datei alle bis dahin bekannte Hostnamen von Servern ein, die Werbung an Apps liefern. Als IP-Adresse wird die eigene lokale, 127.0.0.1, eingetragen. Somit gehen alle Anfragen an die Server zurück an das eigene Gerät und werden somit nicht beantwortet. Die Apps zeigen auf dem reservierten Bildschirmbereich für die Anzeigen keine Werbung mehr an. Die Abbildung 5 zeigt dies am Beispiel der App „Handcent SMS".[27]

---

[26] Vgl. Wikipedia (o. J.): Hosts-Datei, o. S.; Wikipedia (o. J.): Hostname, o. S.; Xda-developers (2009), o. S.
[27] Vgl. Xda-developers (2010), o. S.

Abbildung 5: App mit und ohne Werbung[28]

Voraussetzung, dass das App Adfree funktioniert, ist dass der Benutzer seines Smartphones root-Zugriff auf das System hat. Adfree kann ohne root-Zugriff die Datei host.txt nicht editieren, da diese im geschützten Systembereich liegt. Root-Zugriff bedeutet, dass der Benutzer die höchst möglichen Zugriffsrechte auf das OS hat. Er kann somit die Kernfunktionen des OS ändern. Die Hersteller gewähren im Auslieferungszustand ihrer Geräte den Benutzern dieses Recht nicht.[29]

4.3 Betrug über Werbung in Apps

Es häufen sich momentan die Beschwerden von Leuten, die den Posten „Andere Leistungen" auf ihren Mobilfunkrechnungen haben. Darunter fallen solche Dienste wie Klingelton-Abos oder Zugriffe auf Videoportale. Die Kunden sind sich aber absolut sicher, keinen dieser Dienste in Anspruch genommen zu haben. Betroffen davon ist nicht nur Android, sondern auch iOS.[30]

---

[28] Quelle: DroidNET (2010), o. S.
[29] Vgl. Bauer, S. (2010), o. S.
[30] Vgl. Bleich, H. (2010), S. 36

Die App-Entwickler haben keinen direkten Einfluss darauf welche Werbung AdMob auf die reservierte Display-Fläche pusht. So kann es passieren, dass Werbung auch von Content-Abonnements gepusht wird. Klickt der Benutzer nun absichtlich oder unabsichtlich auf diese Werbung so öffnet sich eine WAP-Seite (Wireless Application Protocol), anstatt eine HTML-Seite (HyperText Markup Language). Dies ist für den Benutzer meist sichtbar nicht zu unterscheiden. Es gibt aber einen unsichtbaren Unterschied.[31]

Im heute nur noch selten eingesetzten WAP-Standard sieht eine Anfrage an eine Webseite vor, dass auch eine spezielle Kennung an die Webseite geschickt werden kann. Diese Kennung, die Mobile Subscriber Integrated Services Digital Network Number (MSISDN), ist auf der SIM-Karte (Subscriber Identity Module) gespeichert. Mit ihr lässt sich der Mobilfunkanbieter des Benutzers ermitteln. Ist nun der Content-Anbieter der Meinung, dass ein Abo-Vertrag allein durch das Klicken auf seine Werbung zustande gekommen ist, schickt er die ermittelte MSISDN des Kunden an den Mobilfunkanbieter. Dieser liefert ihm die Mobilfunknummer seines Kunden zurück. Daraufhin kann der Content-Anbieter den Inkasso-Auftrag initiieren und wird dann vom Mobilfunkanbieter bezahlt (siehe Abbildung 6).[32]

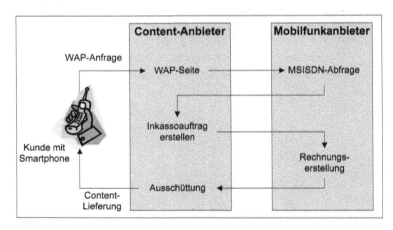

Abbildung 6: Ablauf beim Betrug[33]

---
[31] Vgl. Bleich, H. (2010), S. 36
[32] Vgl. Bleich, H. (2010), S. 36
[33] Eigene Darstellung in Anlehnung an: Bleich, H. (2010), S. 38

Der Kunde bekommt davon nichts mit, da es ohne Zutun von ihm erfolgt. Er bemerkt es erst, sobald er seine Mobilfunkrechnung erhält. Auch auf der geöffneten WAP-Seite ist von den Abonnements nichts zu sehen. Dort erhält der Benutzer lediglich ein Angebot, dass mit einem Sternchen versehen ist, welches nicht weiter erläutert wird. Irgendwo stehen dann, meistens recht versteckt, die Kosten, z. B. 3,99 Euro pro Woche oder 2,99 Euro täglich. Eine Wiederrufsbelehrung, wie sie gesetzlich vorgeschrieben ist, erhalten die Kunden nicht.[34]

Kunden können die Forderung der Content-Anbieter schlecht abwehren. Wer den einkassierten Rechnungsbetrag von seinem Mobilfunkanbieter zurückbuchen lässt, riskiert die Sperrung seiner SIM-Karte. Die Deutsche Telekom fordert z. B. von ihren Kunden, dass sich diese direkt an den Content-Anbieter wenden sollen. Dies hilft den meisten Kunden nicht weiter. Die beste Möglichkeit sich davor zu schützen ist es, das Inkasso für Drittanbieter zu sperren. Hierzu müssen sich die Kunden an die Hotline ihres Mobilfunkanbieters werden.[35]

Auch das Bundesministerium für Ernährung, Landwirtschaft und Verbraucherschutz (BMELV) hat sich zu diesen Vorfällen in einer Stellungnahme, die dem Magazin c't zugesandt wurde, geäußert. Im Rahmen der anstehenden Novellierung des Telekommunikationsgesetztes wurden Änderungen angekündigt. Für die Sperrung eines Mobilfunkanschlusses sollen die gleichen Voraussetzungen gelten, wie für die Sperrung eines Festnetzanschlusses. Konkret soll die mögliche Sperrung eines Mobilfunkanschlusses nicht mehr erfolgen, wenn der Kunde bestimmte Posten auf seiner Mobilfunkrechnung beanstandet und nur diese nicht zahlt.[36]

---

[34] Vgl. Bleich, H. (2010), S. 36
[35] Vgl. Bleich, H. (2010), S. 38
[36] Vgl. Pabst, S. (2010), S. 13

5 Resümee

Das rasante Wachstum von Android, in 2 Jahren zu über 25% Marktanteil auf dem weltweiten Markt für Smartphones beweist, dass das Betriebssystem bei den Endkunden gefragt ist. Entwickler, die Apps für das Betriebssystem Android programmieren, haben somit einen großen potentiellen Kundenkreis, der weiterhin rasant wächst. Mit Werbung in Apps hat der Entwickler die Möglichkeit eine weitere monetäre Quelle, außer dem reinen Verkauf seiner Apps oder zusätzlichen Dienstleistungen in den Apps, zu erschließen.

Die Einbindung der Werbung in eine App, die in 6 Schritten erfolgt, stellt sich als nicht derart komplex dar. Der Entwickler kann recht einfach seine App um Werbung erweitern.

Für Kunden bietet die Werbung in Apps direkt erst einmal keine Nachteile. Sie bekommen Apps, die sonst Geld kosten würden, billiger bzw. umsonst. Der Betrug über die Anzeigen beweist aber, dass Kunden trotz allem vorsichtig sein sollten. Für die Werbungsbranche besteht die Gefahr, dass der Ruf von Anzeigen in Apps geschädigt wird und die Kunden die Werbung negativ auffassen könnten. Dass das Bundesministerium für Ernährung, Landwirtschaft und Verbraucherschutz sich des Themas Betrug in den Apps angenommen hat, kann für die Branche als gutes Zeichen gewertet werden.

Dass die Werbung in den Apps relativ einfach umgangen werden kann sollte die Entwickler momentan noch nicht irritieren. Die Voraussetzung des vollen Zugriffs auf das Betriebssystem stellt je nach Endgerät eine größere Hürde da. Der Kunde riskiert durch diesen Eingriff ins System auch seinen Support vom Hersteller.

Zusammenfassend kann gesagt werden, dass Werbung in Apps für alle ein Vorteil ist. Als Handlungsempfehlung für Entwickler rät der Autor, eine App immer in 2 Versionen anzubieten. In der einen Version sollte in die App Werbung eingebaut werden. Die zweite Version, sollte kostenpflichtig sein, dann aber auch ohne Werbung. Zur Motivation der Kunden auf die kostenpflichtige Version umzusteigen, kann auch die Version, die Werbung enthält, einen geringeren Funktionsumfang aufweisen. Der Entwickler sollte aber bedenken, dass Werbung einen kontinuierlichen Geldstrom produzieren kann. Bei einer Kaufversion ist dieser nur einmalig.

Literaturverzeichnis

Monographien

Rupp, S. (2010): Google Marketing, o. O. 2010

Ulmann, B. (2009): Betriebssysteme – Theorie, o. O. 2009

Zeitungsartikel

Bleich, H. (2010): Inkasso auf Fingertipp, in: c`t, o. J., 2010, Ausgabe 17, S. 36-38

Bredow, R., Dworschak, M., Müller, M. U., Rosenbach, M. (2010): Ende der Privatheit, in: Der Spiegel, o. J., 2010, Ausgabe 02/2010, S. 58-69

Pabst, S. (2010): Ergänzungen und Berichtigungen zu Inkasso auf Fingertipp, in c`t, o. J., 2010, Ausgabe 18, S. 13

Internetseiten

AdMob (o. J.): Wer wir sind, URL: http://de.admob.com/home/about, Abruf am 18.10.2010

Admob For Developers (o. J.): Android, URL: http://developer.admob.com/wiki/Android, Abruf am 18.10.2010

AdMob Websites und Anwendung (o. J.): Website/Anwendung hinzufügen, URL: http://de.admob.com/my_sites/create_site#, Abruf am 11.11.2010

Android Developers (2010): Platform Versions, URL: http://developer.android.com/resources/dashboard/platform-versions.html, Abruf am 01.11.2010

Bauer, S. (2010): Android Root - Was ist das überhaupt, URL: http://webandroid.de/know-how/366-android-root-was-ist-das-uberhaupt/, Abruf am 18.10.2010

Briegleb, V. (2007): Das Google-Phone ist ein Android, URL: http://www.heise.de/newsticker/meldung/Das-Google-Phone-ist-ein-Android-192392.html, Abruf am 25.09.2010

DroidNET (2010): AdFree – Android werbefrei, URL:
http://page.droidnet.de/de/android/adfree-android-werbefrei.html, Abruf am
18.10.2010

Elgin, B. (2005): Google Buys Android for Ist Mobile Arsenal, URL:
http://www.businessweek.com/technology/content/aug2005/tc20050817_0949_tc02
4.htm, Abruf am 25.09.2010

Gabler Wirtschaftslexikon (o. J.): Werbung, URL:
http://wirtschaftslexikon.gabler.de/Archiv/54932/werbung-v6.html, Abruf am
18.09.2010

Gartner (2010): Gartner Says Worldwide Mobile Phone Sales Grew 35 Percent in
Third Quarter 2010; Smartphone Sales Increased 96 Percent, URL:
http://www.gartner.com/it/page.jsp?id=1466313, Abruf am 10.11.2010

Google (o. J.): Unternehmensprofil, URL:
http://www.google.de/corporate/index.html, , Abruf am 08.10.2010

Gründerszene (o. J.): App, URL: http://www.gruenderszene.de/lexikon/begriffe/app,
Abruf am 01.10.2010

ITWissen (o. J.): Smartphones, URL:
http://www.itwissen.info/definition/lexikon/Smartphone-smart-phone.html, Abruf am
20.09.2010

Open Handset Alliance (o. J.): FAQ, URL:
http://www.openhandsetalliance.com/oha_faq.html, Abruf am 25.09.2010

Open Handset Alliance (o. J.): Industry Leaders Announce Open Platform for
Mobile Devices, URL: http://www.openhandsetalliance.com/press_110507.html,
Abruf am 25.09.2010

Röttgers, J. (2010): Google wächst weiter mit Online-Werbung, URL:
http://www.heise.de/newsticker/meldung/Google-waechst-weiter-mit-Online-
Werbung-1108312.html, Abruf am 15.10.2010

Smartphone Welt (o. J.): Was ist ein Smartphone, URL: http://www.smartphone-
welt.de/was-ist-ein-smartphone, Abruf am 20.09.2010

Tech Terms Computer Dictionary (o. J.): Android, URL:
http://www.techterms.com/definition/android, Abruf am 18.09.2010

Wikipedia (o. J.): Android (Betriebssystem), URL:
http://de.wikipedia.org/wiki/Android_(Betriebssystem), Abruf am 25.09.2010

Wikipedia (o. J.): Android (operating system), URL:
http://en.wikipedia.org/wiki/Android_(operating_system), Abruf am 25.09.2010

Wikipedia (o. J.): Hosts-Datei, URL: http://de.wikipedia.org/wiki/Hosts-Datei, Abruf
am 18.09.2010

Wikipedia (o. J.): Hostname, URL: http://de.wikipedia.org/wiki/Hostname, Abruf am
18.09.2010

Wikipedia (o. J.): Werbung, URL:
http://de.wikipedia.org/w/index.php?oldid=79254049, Abruf am 18.09.2010

Xda-developers (2010): Block ads on your Android phone, Beitrag Nr. 7, URL:
http://forum.xda-developers.com/showthread.php?t=664532, Abruf am 18.09.2010

Xda-developers (2009): How to filter ads von your G1, Beitrag Nr. 1, URL:
http://forum.xda-developers.com/showthread.php?t=509997, Abruf am 18.10.2010

Ziegler, P. M. (2009): Google vereinbart Übernahme von AdMob, URL:
http://www.heise.de/newsticker/meldung/Google-vereinbart-Uebernahme-von-
AdMob-854568.html, Abruf am 18.10.2010

www.ingramcontent.com/pod-product-compliance
Lightning Source LLC
LaVergne TN
LVHW042317060326
832902LV00009B/1544